NEIGE À LA RECHERCHE DU SOLEIL

FICHE TECHNIQUE / FICHA TÉCNICA

Titre : *Neige à la recherche du soleil / Neve em busca de sol*
Traduction : Valquiria Imperiano
Révision : Marc Guillemin & Valquiria Imperiano

IMPERIANO, Valquiria
Genève, 2025 – 2e édition
132 p. : 15,24 x 22,86 cm (ou 6 x 9 in)
ISBN : 978-2-940661-35-0
Catégorie : Littérature, poésie

Éditions Cultive

Contact : editoracultive@gmail.com
Site : www.editoracultive.com

Neige à la recherche du soleil

Neve em busca de sol

Valquiria Imperiano

2e Édition

Genève
2025

PREFÁCIO

Ao contrário dos cientistas, os quais desejam melhor compreender o mundo (incluindo os seres e as forças da natureza), os artistas se ocupam em descrevê-lo e o fazem da forma como o veem, imaginam e desejam. Por isso, no universo da arte tudo é possível, tendo como limite apenas o talento e a capacidade de sentir e sonhar de cada artista. Embora alguns resistam à ideia, da mesma forma que há um cientista em cada curioso, há um artista em cada sonhador (como, em doses variáveis, todos somos curiosos e sonhadores, de alguma forma, somos todos cientistas e, também, artistas).

No campo da arte, em função de características - como aquelas referidas genericamente como 'dom' ou 'talento' - e do menor ou maior desenvolvimento dos sentidos, as pessoas descrevem o mundo de diversos modos, dando lugar àquilo que os críticos chamam de "linguagens artísticas".

Uns se dedicam ao falar, desenvolvendo formas de apresentação e de convencimento, praticando a oratória. Outros se dedicam a reproduzir imagens e sentimentos, jogando com a visão e o imaginário das pessoas, e fazem a pintura, a fotografia, a caligrafia e outras artes gráficas. Outros se dedicam à reprodução de cenas e fazem o teatro, o cinema e outras artes audiovisuais. Outros preferem se dedicar aos movimentos e fazem a coreografia e as artes marciais. Outros têm mais facilidade em 'falar' através dos sons e fazem a música. Outros preferem a comunicação através das formas e fazem a escultura e a modelagem (da qual decorre a moda). Uns, ainda, descrevem o universo através dos números e fazem a matemática. Outros tomam as fragrâncias e os cheiros como linguagem e fazem a perfumaria. Outros falam através dos sabores e fazem a culinária. Alguns falam através das palavras e fazem a literatura. Nos tempos mais recentes, inseridos no campo da evolução tecnológica, alguns passaram a desenvolver formas de arte que são possíveis apenas pela combinação homem-computador.

Assim, neste embalo, às vezes sem querer ou perceber, impressionando, isolada ou conjuntamente, os sentidos e a mente, as pessoas fazem algum tipo de arte. Nesta perspectiva, de alguma forma todos são artistas. Naturalmente, a qualidade da arte produzida vai depender de fatores como o gosto e o nível de exigência daqueles que a desfrutam e, sobretudo, do talento daqueles que a produzem.

Na realidade, são poucas as pessoas que se destacam no mundo das artes. Entre elas, está Valquiria Imperiano, que, em meio à falta de tempo crônica por conta da promoção cultural a que se dedica com afinco, consegue criar momentos para a produção artística. Aliás, convivendo com a produtora cultural responsável pelo Institut Cultive Suisse Brésil, pela Éditions Cultive, revistas Cultive e ArtPlus em Genebra e grandes eventos na Europa e no Brasil, está a multiartista Valquiria Imperiano - artista plástica e escritora premiada com nove livros publicados e participação em diversas antologias e revistas. Com passagens por todos os gêneros literários, a escritora Valquiria Imperiano ganha destaque na vasta seara da poesia, na qual circula com vários livros, inclusive "*Neve em busca de sol*" - uma pequena obra prima apresentada em português e francês, que valoriza a linguagem simbólica para tratar temas como o amor, a saudade e outros sentimentos por ela vividos ao longo da vida. No dizer da própria autora, os poemas apresentados em "*Neve em busca de sol* " traduzem a experiência de vida de uma mulher, ... a evolução do pensamento de adolescente até adulta" e acrescenta que "a mulher observadora retira da natureza ensinamentos que fazem um paralelismo entre o que é ser humano, e o que é evoluir", levando a pensar sobre "pensamentos que procuram o calor com o objetivo de sair da obscuridade e enxergar a luz advinda do conhecimento, da evolução e do crescimento como ser humano".

"*Neve em busca de sol*" é um livro para se ler e reler várias vezes.

Alexandre Santos
Escritor; ex-presidente da UBE;
Coordenador nacional da CBDC;
Diretor-geral do Canal Arte Agora.

PRÉFACE

Contrairement aux scientifiques, qui souhaitent mieux comprendre le monde, y compris les êtres et les forces de la nature, les artistes s'emploient à le décrire et le font de la manière dont ils le voient, l'imaginent et le désirent. C'est pourquoi, dans l'univers de l'art, tout est possible, la seule limite étant le talent et la capacité de chaque artiste à ressentir et à imaginer. Tout comme il y a um scientifique parmi les curieux, il y a um artiste parmi les rêveurs.

Dans le domaine de l'art, en fonction de caractéristiques – telles que celles désignées génériquement como « don » ou « talent » – et du développement plus ou moins important de leurs sens, les gens décrivent le monde de différentes manières, donnant lieu à ce que les critiques appellent des « langages artistiques ».

Certains se spécialisent dans l'art de présenter et de convaincre en pratiquant l'art oratoire. D'autres se consacrent à la reproduction d'images et de sentiments, jouent avec la vision et l'imagination des gens et pratiquent la peinture, la photographie, la caligraphie ou encore les arts graphiques. D'autres se consacrent à la reproduction de scènes et font du théâtre, du cinéma ou d'autres arts audiovisuels. D'autres personnes encore se consacrent aux mouvements tels que la chorégraphie et les arts martiaux. Certains ont plus de facilité à utiliser le son et à créer de la musique. D'autres préfèrent la communication par les formes et font de la sculpture et du modelage (dont découle la mode). Certains évoquent même l'univers à travers des nombres et font des mathématiques. D'autres utilisent les odeurs comme um langage et se spécialisent dans la parfumerie. D'autres expriment leur sensibilité à travers les saveurs et se passionnent pour la cuisine. Certains font usage des mots et écrivent de la littérature. En ce qui concerne l'évolution technologique, certains ont commencé à développer des formes d'art qui ne sont possibles que par l'association homme-ordinateur.

Dans cette atmosphère, parfois sans le vouloir ni s'en rendre compte, en impressionnant, isolément ou en groupe, les sens et l'esprit, les artistes créent une forme d'art. Dans cette perspective, tout le monde est, d'une certaine façon, um artiste. Naturellement, la qualité de l'art produit dépendra de facteurs tels que le goût et le niveau d'exigence de ceux qui l'apprécient et, surtout, du talent de ceux qui le produisent.

En réalité, il est peu fréquent de rencontrer des individus qui se distinguent dans le domaine artistique. Toutefois, il existe Valquiria Imperiano, qui, en dépit du manque de temps chronique dû à la promotion culturelle à laquelle elle se dédie avec acharnement, parvient à créer des moments pour la production artistique. D'ailleurs, cohabitant avec la productrice culturelle responsable de l'Institut Cultive Suisse Brésil, des Éditions Cultive, des revues Cultive et ArtPlus à Genève et de grands événements en Europe et au Brésil, se trouve la multi-artiste Valquiria Imperiano – artiste plasticienne et écrivaine primée, auteure de neuf livres publiés et participante à de nombreuses anthologies et revues.

L'écrivaine Valquiria Imperiano se distingue dans le vaste domaine de la poésie, avec plusieurs livres à son actif, parmi lesquels figure Neige à la recherche du soleil – um petit chef-d'œuvre dévoilé en portugais et en français. Dans ce livre, le langage symbolique est utilisé pour aborder des thèmes tels que l'amour, la nostalgie et d'autres sentiments qu'elle a expérimentés tout au long de sa vie. Selon les mots de l'auteure elle-même, les poèmes présentés dans Neige à la recherche du soleil traduisent « l'expérience de vie d'une femme... l'évolution de sa pensée de l'adolescente à l'âge adulte », et ela ajoute que « la femme observatrice tire de la nature des leçons qui font um parallélisme entre ce que signifie être humain et ce que signifie évoluer », nous amenant à réfléchir sur « des pensées qui recherchent la chaleur dans le but de sortir de l'obscurité et de voir la lumière qui advient de la connaissance, de l'évolution et de la croissance en tant qu'être humain ».

Alexandre Santos

Escritor; ex-presidente da UB;
Coordenador nacional da CBDC
Diretor-geral do Canal Arte Agora

ÍNDICE - PORTUGUÊS

SOMMAIRE - FRANÇAIS

APRESENTAÇÃO

Neste livro, apresento textos que refletem minha visão do passado, analisando a evolução do meu pensamento desde a adolescência até a idade adulta.

Sou uma observadora do ser humano e da natureza. A partir dessas observações, extraio lições, floresço e as transformo em poesia. Em meus poemas, traço um paralelo entre a essência humana e o processo de evoluir.

Essas reflexões me levam aos pensamentos que buscam a luz para emergir das trevas e alcançar a realidade que emana do saber. A apreensão da realidade, através do conhecimento, é o que possibilita a evolução e o crescimento do indivíduo como ser humano.

PRÉSENTATION

Dans ce livre, je présente des textes qui traduisent mon regard sur le passé, en analysant l'évolution de ma pensée de l'adolescence à l'âge adulte.

Je suis une observatrice de l'être humain et de la nature. De ces observations, je tire des enseignements, je m'épanouis et je les transpose en poésie. Dans mes poèmes, je trace un parallèle entre l'essence de l'être humain et le sens de son évolution.

Ces réflexions me mènent vers des pensées qui cherchent la lumière pour émerger de l'obscurité et atteindre la réalité issue de la connaissance. L'appréhension de la réalité à travers le savoir implique une évolution et une croissance de l'individu en tant qu'être humain.

Valquiria Imperiano

O caminho para o abraço carinhoso da paz
é guiado pela boa consciência.

Le chemin pour s'entourer avec tendresse de la paix
est guidé par la bonne conscience.

Ao meu marido,
minhas filhas
e minhas netas

À mon mari,
mes enfants
et mes petits enfants.

APRENDIZ

Emoções fortes
carregadas de tempo e de história.
Caixinha de segredos!

Na memória:
mortes,
vivos,
fracos e fortes.

Eu sou uma aprendiz do amor
descobrindo
o sol no meio da neve.

APPRENTIE

Fortes émotions
chargées de temps et d'histoire.
Petite boîte à secrets !

Dans la mémoire :
les morts,
les vivants,
les faibles et les forts.

Je suis une apprentie de l'amour
à la recherche
du soleil au milieu de la neige.

CAFÉ SEM CONVERSA

Um sono,
um cansaço
e o tempo se desfaz.
Lá fora, o sol lambe a neve!

Lanço mágoas sobre a
mesa de conversa.
Quem sou eu nesse mar
de perguntas abertas e frias,
enquanto o sol acaricia a neve?

Interrogações sem respostas surgem,
enchem a xícara de café,
esvaziam o cérebro
enquanto o sol acaricia a neve.

Olhos desviados,
peito em chama,
dor camuflada,
disfarce,
entonação.
Olho através da janela
enquanto o sol acaricia a neve.

O telefone toca.
Salva o debate,
a conversa muda,
fecho o cofre do lamento
enquanto o sol acaricia a neve!

Tomo um café,
adoço-o,
três colheres de açúcar.

O mel abranda meu coração.
O mel!!!
Deixa pra lá!
É o sol que acaricia a neve!

O dia termina,
minhas netas chegam.
Seus risos me relaxam.
Esqueço o lamento
enquanto o sol ilumina a neve!

Boa noite!
Amanhã é outro dia!
A lua acaricia a neve.

CAFÉ SANS CONVERSATION

Un sommeil,
une fatigue
et le temps s'effondre.
Dehors, le soleil caresse la neige !

Je jette mes chagrins
sur la table des conversations.
Qui suis-je dans cette mer
de questions ouvertes et froides,
pendant que le soleil caresse la neige ?

Des questions sans réponse se posent,
remplissent la tasse de café,
vident le cerveau
pendant que le soleil caresse la neige.

Des yeux détournés,
la poitrine en feu,
douleur camouflée,
déguisement,
intonation.
Je regarde par la fenêtre
tandis que le soleil caresse la neige.

Le téléphone sonne.
Il sauve le débat,
la conversation change,
je ferme le coffre-fort des lamentations
pendant que le soleil caresse la neige !

Je prends un café,
je l'adoucis
avec trois cuillères de sucre.

Le miel adoucit mon cœur.
Le miel !!!
C'est comme le soleil qui caresse la neige !

La journée se termine,
mes petites-filles arrivent.
Leurs rires m'apaisent.
J'oublie le chagrin
pendant que le soleil illumine la neige.

CANÇÃO DO PASSADO

Quando a lua se esparrama no areião,
eu me lembro dos meus tempos de criança;
nas mãos, um cesto de alegria
cheio de carne, farinha, feijão e pão.

Uma imagem me vem à mente!
Uma casinha coberta com a palha
arrancada dos coqueiros do quintal,
nós sentados na calçada,
olhando o sol se afogando no canal.

Sonho meu! Abre a imagem do passado!
Traz de volta todas aquelas emoções.
Minha vó contando histórias da sua vida,
vida triste, lá no meio do sertão.

Tão ligeiro eu deixei de ser criança,
minhas peraltices, o tempo abafou.
Os traços das minhas alpargatas foram apagados,
meus caminhos de infância, transformados.

Minha infância passou como um furacão!
A saudade, no meu peito, bate forte.
Dias passam encobrindo as estrelas
com faróis que encandeiam as emoções
perdidas no meio da neve à procura do sol.

CHANSON DU PASSÉ

Lorsque la lune se déploie sur le banc de sable,
je me souviens de mes jours d'enfant,
j'avais dans mes mains un panier de joie
rempli de viande, de farine, de haricots et de pain.

Une image me revient !
Une petite maison
couverte de palmes des cocotiers du jardin,
nous étions assis sur le trottoir,
à regarder le soleil plonger dans le canal.

Ô mon rêve! Ouvre l'image du passé !
Ramène-moi toutes ces anciennes émotions !
Ma grand-mère racontait des histoires de sa vie,
Sa vie triste là-bas, au milieu du " sertão ".

Si vite j'ai cessé d'être une enfant,
mes bêtises, le temps les a étouffées.
Les traces de mes espadrilles, il les a effacées,
mes chemins d'enfance, il les a transformés.

Mon enfance a filé comme un ouragan !
La nostalgie, dans ma poitrine, frappe fort.
Les jours passent en occultant les étoiles,
tandis que des phares éblouissent mes émotions
perdues au milieu de la neige à la recherche du soleil.

CEGUEIRA

Onde vivi
o tempo parecia longo.

Depois da partida,
o desejo de não voltar.

E nas voltas que a Terra deu,
afugentei meus pesares,
descobri a bondade
em mim
e nos outros.

Aproximei-me do melhor
e descobri,
nas pessoas que ficaram,
a luz que a cegueira não enxergava,
como o sol que aquece a neve gelada.

CÉCITÉ

Là où j'ai vécu,
le temps semblait interminable.

Après le départ,
le désir de ne pas revenir.

Au fil des détours de la vie,
j'ai extirpé mes chagrins,
j'ai découvert la bonté
en moi
et chez les autres.

J'ai tendu vers le meilleur
et j'ai trouvé,
chez celles qui sont restées,
la lumière que la cécité ne discernait pas,
tel le soleil qui réchauffe la neige gelée.

COMO UM VAGAR

O tempo foge às horas.
A luz se apaga,
o tempo acaba.

Os grilos estridulam
por cima da minha cabeça.

Minha consciência grita a verdade,
me interrompe,
me fere,
lança-me brutalmente de volta
aos meus pensamentos
e me julga sem piedade.

Não sei o que fiz,
não sei se estou certa,
não sei o caminho a seguir.

As palavras ditas machucam.
As palavras escritas abalam.

Sou uma criança
falando baboseiras.

Não sei realmente o que fiz.
Não sei realmente por que magoei.
Foi simplesmente o meu silêncio
ou a minha distância que me fez errar?

Confusão.
Minha mente divaga
e me perco
nos becos escuros da inconsciência.
Sou a neve branca
derretida pelo sol.

COMME UNE ERRANCE

Le temps fuit les heures.
La lumière s'éteint,
le temps s'écoule.

Les grillons stridulent
au-dessus de ma tête.

Ma conscience crie la vérité,
elle m'interrompt,
me blesse,
me renvoie brutalement
à mes pensées
et me juge sans pitié.

Je ne sais pas ce que j'ai fait.
Je me demande si j'ai raison.
Je ne sais quelle voie emprunter.

Les mots prononcés blessent.
Les paroles écrites déstabilisent.
Je suis une enfant
qui dit des sottises.

Je ne sais vraiment pas ce que j'ai fait.
Je ne sais vraiment pas pourquoi j'ai fait du mal.
Était-ce simplement mon silence
ou ma distance qui m'a fait commettre des erreurs ?

Confusion.
Mon esprit divague
et je me perds
dans les ruelles sombres de l'inconscience.
Je suis la neige blanche
fondue par le soleil.

CONTRAMÃO

Guardo comigo,
dentro do coração,
tanta emoção!

Um perdão
e o meu coração se redime
dos feitos,
dos malfeitos.

Pedir perdão,
dar perdão.

Continuar buscando a mão,
na contramão,
para ter salvação.

Sou a neve
espreitando o sol
que aquece meu coração.

CONTRE-COURANT

Je garde en moi,
au fond du cœur,
tant d'émotions.

Un pardon
et mon cœur se rachète
des actes,
des méfaits.

Demander pardon,
accorder le pardon.

Continuer à chercher la main tendue,
à contre-courant,
pour trouver le salut.

Je suis la neige
guettant le soleil
qui réchauffe mon cœur.

CREPÚSCULO

Boa noite, sol!
Boa noite, dia!
Preparo-me para ti, amanhã.

Quero descansar
nos braços da noite.
Quero descansar
nos braços da madrugada.
Ela me berça,
acalenta-me,
presenteia-me com a paz.

Preparo-me para acordar
em outro mundo
onde posso criar vários sóis,
onde posso voar,
criar só de pensar,
vencer o mar,
mergulhar na tua imensidão
sem me afogar.

Onde eu sou invencível,
onde respiro sem oxigênio,
onde o afogar é renascer,
onde posso ser
em qualquer espaço
nas dimensões que eu ultrapasso.

Onde as flores brotam no ar,
nas pedras,
nas nuvens,
no deserto.

Crio o impossível.
Formo
e transformo
o mundo,
o universo,
eu e você.

O sol desceu,
minha imaginação apagou-se.

Até amanhã, vida!
Até amanhã, sol!

O sol apagou-se para mim.
Acendeu para outro.
Espero-te
para me aquecer
numa outra vida.

Obrigada, natureza!
Obrigada, vida!

O sol se pôs.
Mergulhei no infinito.
Serei o sol
derretendo a neve
na eternidade.

CRÉPUSCULE

Bonsoir, soleil !
Bonsoir, jour !
Je me prépare pour toi, demain.

Je veux me reposer
dans les bras de la nuit.
Je veux me reposer
dans les bras de l'aube.
Elle me berce,
m'apaise,
m'offre la paix.

Je me prépare à me réveiller
dans un autre monde
où je peux créer plusieurs soleils,
où je peux voler,
créer rien qu'en pensant,
vaincre la mer,
plonger dans son immensité
sans me noyer.

Où je suis invincible,
où je respire sans oxygène,
où la noyade,
c'est renaître,
où je peux être
en tout lieu.
Dans les dimensions que je dépasse.

Où les fleurs poussent
dans l'air,
sur les rochers,
dans les nuages,
dans le désert.

Je crée l'impossible.
Je forme
et transforme
le monde,
l'univers,
moi et toi.

Le soleil s'est couché.
Mon imagination s'est éteinte.

À demain, vie !
À demain, soleil !

Le soleil s'est couché pour moi.
Il s'est allumé pour un autre.
Je l'attends
pour me réchauffer
dans une autre vie.

Merci nature !
Merci la vie !

Le soleil s'est couché.
J'ai plongé dans l'infini.
Je serai le soleil
qui fera fondre la neige
dans l'éternité.

ESSES OLHOS

Esses olhos...
que falam de cores,
que colecionam amores.

São olhos reluzentes,
cheios de magia,
cheios de beleza,

que falam palavras mudas,
palavras ocultas na íris,
na mente.

Felizes, transbordam
amor, calor,
sonhos melancólicos.

Provocam ternura,
sem amargura,
em gente
que sente,
que mede o peso do afeto correto.

São olhos de mãe,
um dia menina,
agora mulher,
refletindo luz.

CES YEUX

Ces yeux...
qui parlent de couleurs,
qui collectionnent des amours.

Ce sont des yeux étincelants,
pleins de magie,
pleins de beauté,

qui expriment des mots silencieux,
des mots cachés dans l'iris,
dans l'esprit.

Heureux, ils débordent
d'amour, de chaleur,
de rêves mélancoliques.

Ils éveillent la tendresse
sans amertume,
chez ceux
qui ressentent
et qui apprécient l'affection à sa juste valeur.

Ce sont les yeux d'une mère,
jadis jeune fille,
aujourd'hui femme,
qui reflètent la lumière.

DA PENUMBRA À ESPERANÇA

O brilho ocupou a penumbra
e da terra roxa
renasceram as raízes ressecadas,
congeladas pela descrença,
pelo pesar
e pelas tristezas
que impediam meus sentimentos
de gratidão e
de reconhecimento.
Sou neve em busca de sol.

DE L'OMBRE À L'ESPOIR

L'éclat a rempli la pénombre.
et de la terre pourpre,
a ressuscité les racines desséchées,
figées par l'incrédulité,
par le chagrin
et par les tristesses
qui entravaient mes sentiments
de gratitude,
de reconnaissance.
Je suis la neige à la recherche du soleil.

DIA DE RECOMEÇO

Dia de cor,
dia de sabor,
dia de verdade,
dia de beijos,
dia de abraços apertados,
dia de sermos amigos.

Dia de dizer: Eu te amo,
dia de não deixar
o marasmo ter nome de descanso,
o comodismo instalar-se,
a impaciência dominar.

Dia de lutar contra o mal,
dia de lutar contra o preconceito,
dia de se refazer.

Dia de buscar o teu verdadeiro eu
nas pequenas coisas
encostadas,
abandonadas,
desejadas
pela ambição.

É dia de nos encontrarmos
no nosso próprio espaço interior.

Dia de nos descobrirmos fortes,
reais na nossa essência abandonada,
solitária.

É dia de recomeço.
É dia de se aquecer ao sol
que se esparrama sobre a neve.

JOUR DE RECOMMENCEMENT

Jour de couleur,
jour de saveur,
jour de vérité,
jour de baisers,
jour d'étreintes serrées,
jour d'être amis.

Jour de dire: je t'aime,
jour de ne pas laisser la léthargie
prendre le nom de repos,
ni l'immobilisme s'installer,
ni l'impatience dominer.

Jour de lutter contre le mal,
jour de lutter contre les préjugés,
jour de se reconstruire.

Jour de chercher ton vrai toi
dans les petites choses
délaissées,
abandonnées,
convoitées
par l'ambition.

C'est le jour de nous retrouver
dans notre propre espace intérieur.

De nous découvrir forts,
réels dans notre essence abandonnée,
solitaire.

C'est le jour du recommencement,
de se prélasser au soleil
qui s'étend sur la neige.

DOR PERENE

Por que meus olhos choram por ti?
Por que meus olhos choram por todos?
Lágrimas são feitas para escorrer
quando sinto o amargo sofrer.

As dores me cercam em silêncio,
procuram morrer solitárias.
Elas não morrem em mim.
Eu sei que vivem em você.

Lamento, não posso afogá-las.
Lamento, não posso abraçá-las.
Elas vivem por todos os lados.
Elas vivem, em nós, enroscadas.

Por que meus olhos choram por ti?
Por que meus olhos choram por todos?
Lágrimas acalmam o sofrer,
embalam,
liberam o ser.

E mesmo deitada sobre a neve gelada,
mas, sob o sol,
elas buscam se aquecer.

DOULEUR PERPÉTUELLE

Pourquoi mes yeux pleurent-ils pour toi ?
Pourquoi mes yeux pleurent-ils pour tous ?
Les larmes sont faites pour couler
quand l'amère souffrance se fait sentir.

Les douleurs m'enlacent en silence.
Elles cherchent à mourir.
Elles ne meurent pas en moi.
Je sais qu'elles vivent en toi.

Je regrette, je ne peux les noyer.
Je ne peux les serrer dans mes bras.
Elles vivent partout autour de nous.
Elles vivent entrelacées à nous.

Pourquoi mes yeux pleurent-ils pour toi ?
Pourquoi mes yeux pleurent-ils pour tous ?
Les larmes apaisent la douleur.
Elles bercent,
elles libèrent l'être.

Et même couchée sur la neige froide,
mais sous le soleil,
l'âme cherche à se réchauffer.

FLOR PROFUNDA

Uma flor de cor profunda
cheia de raios solares,
ilumina os caminhos,
abre as portas da penumbra.

Ela invade o espaço,
permeia os corações na Terra.

E entre os homens desafetos
ela rastreia almas puras
para morar sem medo,
pois eles estão sobre a neve fria
procurando o calor do sol.

FLEUR PROFONDE

Une fleur de couleur profonde
remplie des rayons solaires,
illumine les chemins,
ouvre les portes de la pénombre.

Elle envahit l'espace
et imprègne les cœurs sur la Terre.

Et parmi les hommes désenchantés
elle recherche des âmes pures
pour y résider sans peur,
car ils sont sur la neige froide
à la recherche de la chaleur du soleil.

INTERVALOS

Tristezas que vão,
tristezas que vêm,
fuga,
retorno.

Intervalos de alegria.
O fogo da paixão queima as entranhas
em mim.
E no outro?

Iguais, sensuais, fugazes.
Em mim:
Tufões avassaladores,
vulcões em explosões,
destruindo-me,
destruindo-o.

E nós?
Pulamos as dores,
tratamos nossos temores,
buscando caminhos serenos.

Caminhos quase nunca encontrados
na neve fria
dos invernos gelados.
Mas, nele, busco o calor
para aquecer todo o meu ser.

INTERVALLES

Tristesses qui s'en vont,
tristesses qui reviennent,
fuite,
retour.

Intervalles de joie.
Le feu de la passion brûle les entrailles
en moi.
Et chez l'autre ?

Identiques, sensuelles, fugaces.
En moi :
Ouragans dévastateurs,
volcans en éruption,
me détruisant,
le détruisant.

Et nous ?
En sautant par-dessus les douleurs,
apaisant nos craintes,
cherchant des chemins sereins.

Chemins presque jamais trouvés
dans la neige froide
des hivers glacés.
Mais en lui, je cherche la chaleur
pour réchauffer tout mon être.

JUVENTUDE

Desejo sentir-me mulher,
desejo continuar sendo
aquela que a cobiça mira
sem pudor, sem lamúria.

No seio da juventude,
afloram desejos castrados,
desejos despudorados.
No auge da juventude.

No auge da juventude,
sou a diva dos amores,
a musa dos trovadores,
a bela que foge da fera.

No topo da juventude,
só vejo flores excitadas,
tapetes de admiradores
que se prostram aos meus pés,
e sobre os quais eu caminho, indiferente.

Nos meus dias idos,
busquei me aquecer
com o calor dos braços amados.

Hoje,
aqueço-me
com o sol
da maturidade acomodada.

JEUNESSE

Je veux me sentir femme,
je veux continuer d'être
celle que la convoitise épie
sans pudeur, sans plainte.

Au sein de la jeunesse,
des désirs réprimés émergent,
des désirs impudiques affluent.
Au sommet de la jeunesse.

Au sommet de ma jeunesse,
je suis la déesse des amours,
la muse des troubadours,
la belle qui fuit la bête.

Au sommet de la jeunesse,
je ne vois que des fleurs ardentes,
des tapis d'admirateurs
prosternés à mes pieds,
et sur lesquels je marche, indifférente.

Dans mes jours révolus,
j'ai cherché la chaleur
dans les bras de mes amours d'antan.

Aujourd'hui,
je me réchauffe
avec la chaleur du soleil
de la maturité apaisée.

HERÓIS DA MADRUGADA

O sombrio fim do dia
esconde dissabores,
movimentos,
desacordos
e sentimentos mil.

A noite abre
a porta da liberdade.

Quem chora
seca as lágrimas no travesseiro,
adormece,
voa nas asas da liberdade,
dos sonhos,
livre –
e o impossível acontece:
veste-se de super-herói.

Os fracos esquecem a covardia,
os fortes ficam mais fortes,
despojam-se
das suas dores aprisionadas.

Fortes e fracos,
vestidos de coragem,
vagam pelas dimensões desconhecidas,
onde moram os deuses imortais
e valentes.

E acordam alimentados de esperança,
bebem os novos raios do amanhecer.
E, no pôr do sol,
enterram suas fraquezas.

À luz do dia, lutam
para nutrir sua coragem.

Ah! A coragem!

Os fracos desconhecem sua força,
entregam-se,
abatem-se,
fraquejam
ao tropeçarem nas mazelas da vida.

A sombra da desesperança os envolve;
não identificam a luz no fim do túnel.
Os fortes levantam-se
quando tropeçam nas tristezas,
enterram as tristezas que os cercam,
reforçam suas fortalezas.

Todas as manhãs,
um novo dia.
A força do sol
aquece a neve fria
que aprisiona suas fraquezas.

Todo dia,
uma noite abre as portas do impossível
e tudo, recomeça.
Fracos e fortes esquecem quem são
e, de novo,
tornam-se heróis da madrugada.

HÉROS DE L'AUBE

La fin de journée maussade
cache des désagréments,
des mouvements,
des désaccords,
et mille sentiments.

La nuit arrive,
ouvre la porte de la liberté.

Ceux qui pleurent
sèchent leurs larmes sur l'oreiller,
s'endorment,
s'envolent
sur les ailes de la liberté,
dans les rêves,
libres,
et l'impossible arrive:
ils deviennent des super-héros.

Les faibles oublient la lâcheté,
les forts deviennent plus forts,
se libèrent
de leurs douleurs emprisonnées.

Forts et faibles,
vêtus de courage,
parcourent les dimensions inconnues
où habitent les dieux immortels
et courageux.

Ils se réveillent pleins d'espoir,
ils boivent les nouveaux rayons de l'aube,
et, au coucher du soleil,
enterrent leurs faiblesses.

À la lumière du jour,
ils se battent pour nourrir leur courage.

Le courage...!

Les faibles ignorent leur force,
ils se rendent,
ils se découragent,
ils s'affaiblissent.
Lorsqu'ils tombent
devant les difficultés de la vie,
l'ombre du désespoir les enveloppe.
Ils ne perçoivent pas la lumière au bout du tunnel.

Quand les forts
trébuchent dans la tristesse,
ils se lèvent,
enterrent leurs peines,
renforcent leurs forteresses.

Chaque matin, un nouveau jour.
À chaque jour,
ils recherchent la force du soleil
pour faire fondre la neige froide
qui emprisonne leurs faiblesses.

La nuit ouvre les portes de l'impossible
et tout recommence.
Les faibles et les forts oublient qui ils sont
et, une fois de plus,
ils redeviennent les héros de l'aube.

LÁGRIMAS NEGRAS

Quero ser o teu ar,
invisível te invadir.
Ser teu sono envolvente,
esperando o entardecer.

Quero ser o teu pensar.
Nunca, nunca te deixar.
Esquecer o que sofri
e voltar a ser feliz.

Senti tanto te deixar.
Minha vida destruí.
Ruas negras, precipícios,
armadilhas eu vivi.

Acordar sem ti ao meu lado
marca o dia com tristezas.
Choro prantos de remorsos,
volto atrás, volto pra ti.

Soergo os meus pedaços,
enterro o meu passado,
me refaço em teu abraço
e volto a ser feliz.

Quero ser o teu pensar,
nunca, nunca te deixar,
esquecer o que sofri
e voltar a ser feliz.

LARMES NOIRES

Je veux être ton air.
Invisible, t'envahir.
Être le sommeil reposant,
en attendant le crépuscule.

Je veux être ta pensée.
Ne jamais, jamais te quitter.
Oublier ma souffrance.
Retrouver le bonheur.

Insensée, j'ai dû partir.
Toute ma vie, je l'ai détruite.
J'ai connu des rues noires.
Des précipices, des pièges, j'en ai vécu.

Me réveiller seule sans toi,
la tristesse m'a anéantie,
je pleure des larmes noires,
je reviens, je reviens à toi.

Je ramasse mes morceaux,
me détourne du passé,
me reconstruis dans tes câlins.
Reviens, je veux être heureuse.

Je veux être ta pensée,
ne jamais, jamais te quitter,
oublier ma souffrance,
retrouver le bonheur.

MASOQUISMO

Em tempo de busca cega,
cruzo com amores de intervalo.
Paixão com cara de amor
provoca sofrer e muita dor.

Engano-me com as tuas ações,
acredito nos teus sentimentos.
Engano-me, enganei-me.
Cresce em mim o lamento.

A força de te amar não me deixa.
Desilusão me confunde.
Confundir amor com paixão
foi uma bela ilusão.

O tempo quebrou a magia.
Cresci na escola da vida.
Tentei sarar as feridas
que no meu peito
ardiam.

Quebraste o meu coração,
e eu, masoquista do amor,
rastejei minh'alma no chão,
sofri o desprezo e a dor.

Enterrada para a vida, chorei.
Senti-me pequena, sem calor.
Em terras frias, andei.
Procurando enterrar esse encanto, vaguei.

Não sei colar os pedaços.
Preciso aprender a dizer não,
deixar de ser teu capacho,
apagar da minh'alma o teu retrato malsão.

Tornar-me-ei, de novo, um ser livre,
serei a dona dos meus limites,
livrar-me-ei do meu masoquismo,
escaparei, enfim, desse frio abismo
que busca o sol para me aquecer.

MASOCHISME

En période de quête aveugle,
je croise des amours éphémères.
La passion déguisée en amour
provoque souffrance et douleur.

Je m'égare à cause de tes actions,
je crois en tes sentiments.
Je me trompe, je me suis trompée.
Le chagrin grandit en moi.

La force de t'aimer ne me quitte pas.
La désillusion me confond.
C'était une belle illusion
de confondre l'amour et la passion.

Le temps a brisé l'enchantement.
J'ai grandi à l'école de la vie.
J'ai essayé de guérir mes blessures,
qui, dans ma poitrine, continuent de saigner.

Tu as brisé mon cœur.
Et moi, masochiste de l'amour,
j'ai traîné mon âme par terre.
J'ai souffert du mépris et de la douleur.

Enterrée pour la vie, j'ai pleuré.
Petite, sans chaleur, je me sentais.
Dans les terres froides, j'ai erré,
à enterrer ce charme, j'ai cherché.

Je ne sais pas recoller les morceaux.
J'ai besoin d'apprendre à dire non,
de cesser d'être ton esclave,
d'effacer de mon âme ton portrait.

Je veux redevenir libre, encore une fois,
être la maîtresse de mes limites,
me libérer de mon masochisme
et échapper enfin à ce froid abîme
qui cherche le soleil pour me réchauffer.

MEU ESPELHO AMIGO

Sou teu espelho amigo
que aceita tua imagem real,
que te ajuda a te tornares bela.
Sou aquele que reflete tua verdade.

Sou teu espelho amigo
que mostra tua face nua,
que fala, uma fala crua,
sem medir palavras frias.

Ouves de mim a verdade.
Não falo mentiras fúteis.
Sou teu espelho amigo
que mostra tuas rugas puras,
repletas de histórias duras,
mistura de tristezas e de alegrias.

Sou teu espelho amigo
que nunca nega os fatos.
Mesmo que duro seja,
de mim, tu ouves a verdade,
para mim nunca escondes segredos.

Sou teu espelho fiel,
que te aceita sem véu,
como tu és, feia ou bela.

A mim não negas tua imagem,
para mim tu retiras tuas máscaras.
Sou teu espelho transparente
que nunca te abandona,

na saúde e na doença,
na alegria e na tristeza.

Sou sempre teu companheiro,
parceiro de todos os dias,
que nunca te nega companhia.

Divides comigo segredos.
Ouço em silêncio teus lamentos.
Calado, te registras no meu brilho.

Teus gestos, tua vaidade,
só nós conhecemos tua verdade,
a real pessoa que tu és.
Sou aquele que busca derreter a neve fria
com a luz do sol da verdade.

MON MIROIR AMI

Je suis ton miroir ami
qui accepte ta véritable image.
Je t'aide à devenir belle.
Je suis celui qui reflète ta vérité.

Je suis ton miroir ami
qui montre ton visage nu,
qui prononce une parole crue,
sans mesurer les mots froids.

De moi, tu écoutes la vérité.
Je ne dis pas de mensonges futiles.
Je suis ton miroir ami
qui montre tes rides pures,
empreintes d'histoires difficiles,
un mélange de tristesse et de joies.

Je suis ton miroir ami
qui ne nie jamais les faits.
Même si c'est dur,
de moi, tu entends la vérité.
À moi, tu ne caches jamais tes secrets.

Je suis ton fidèle miroir
qui t'accepte sans voile,
telle que tu es, laide ou belle.
Tu ne me dérobes pas ton image.
À moi, tu te révèles sans tes masques.

Je suis ton miroir transparent
qui ne t'abandonne jamais,
ni dans la santé, ni dans la maladie,
ni dans la joie, ni dans la tristesse.

Je suis toujours ton compagnon,
ton partenaire du quotidien.
Je ne te refuse jamais ma présence.

Tu partages avec moi tes secrets.
J'entends en silence tes lamentations.
Je t'enregistre dans mon reflet.

Je vois tes gestes, ta coquetterie
et nous seuls connaissons ta vérité,
la vraie personne que tu es.
Je suis celui qui cherche à faire fondre la neige froide
avec la lumière du soleil de la vérité.

NÃO SEI

Nas ações dos seres pérfidos,
acabou-se a honra,
brotou a infâmia.

Que seres somos?

Tempestade de neve
buscando o sol para derreter
a nossa pequenez?

Não sei!

JE NE SAIS PAS

Dans les actes des êtres perfides,
l'honneur a cessé,
l'infamie a surgi.

Qui sommes-nous ?

Tempête de neige
à la recherche du soleil pour faire fondre
notre petitesse ?

Je ne sais pas !

TEMPO VERMELHO

O tempo passou.
Minha agitação se acalmou.
Serei eu ainda mulher?
Pergunto-me se esqueci a euforia,
se evacuei a substância da paixão.

Tenho saudade do frenesi.
Tenho saudade dos tempos vermelhos,
dos enredos, dos anseios.

Tenho saudade dos tempos de menina,
do rosa dos meus lábios carnudos,
dos pensamentos proibidos,
das artimanhas,
do calor nas entranhas,
do descontrole dos sentimentos,
das lágrimas fúteis que regaram meu crescimento.

Tenho saudade do frenesi,
do sofrimento tolo,
quase inocente.

Tenho saudade da pureza do meu pensar,
das atitudes incoerentes,
dos hormônios explodindo em meu corpo,
fazendo-me acreditar que seria,
num dia, um ser perfeito,
no outro, menina desfeita,
insegura, infantil.

Procurava nos rostos dos rapazes
a beleza perene.

O tempo passou.

Aprendi que a beleza real
escondia-se de nós, os cegos,
e despertaria outras paixões
baseadas nos tempos passados,
guardados em cofres selados.

Como a neve fria
derretendo sob o calor do sol,
eu sorrio das histórias do passado
e abraço o Deus da experiência.

TEMPS ROUGE

Le temps a passé.
Mon agitation s'est apaisée.
Serais-je encore femme ?
Je me demande si j'ai oublié l'euphorie,
si j'ai dissipé les substances de la passion.

La frénésie me manque.
J'ai la nostalgie des temps rouges,
des intrigues, des désirs.

J'ai la nostalgie de mon temps de jeune fille,
du rose sur mes lèvres charnues,
des pensées interdites,
des ruses,
de la chaleur dans les entrailles,
du débordement des sentiments,
des larmes futiles qui ont arrosé ma croissance.

J'ai la nostalgie de la frénésie,
de la souffrance sotte,
presque innocente.

J'ai la nostalgie de la pureté de ma pensée,
des attitudes incohérentes,
des hormones qui explosaient dans mon corps
me faisant croire que je serais,
un jour, un être parfait,
le lendemain, une fille brisée,
anxieuse, infantile.

Je cherchais sur les visages des garçons
la beauté éternelle,
la sensualité de la chair sculptée.

Le temps a passé.

J'ai appris que la vraie beauté
se cache de nous, les aveugles,
et éveille d'autres passions,
basées sur les temps passés,,
gardées dans des coffres scellés.

Telle la neige froide
qui se fond sous la chaleur du soleil,
je souris d'histoires du passé et
j'embrasse le Dieu de l'expérience.

PERGUNTO

Como calar minha língua?
Como ser eficiente?
Como iniciar a mudança?
Como ser útil?
Como segurar minha ira?
Como desvencilhar-me da mesquinhez?
A mesquinharia ainda é forte em mim.
Tenho a teoria de como ser.
Sei o que o verbo contém,
porém não sei ser.
Meu verbo está defeituoso,
preciso aprender a conjugá-lo
de verdade,
e me transformar no sol da compaixão
para derreter meu egoísmo.

JE DEMANDE

Comment faire taire ma langue ?
Comment être efficace ?
Comment initier le changement ?
Comment être utile ?
Comment retenir ma colère ?
Comment me défaire de ma petitesse ?
La mesquinerie est encore forte en moi.
J'ai la théorie sur la manière d'être.
Je sais ce que le verbe recèle,
mais je ne sais pas être.
Mon verbe est défectueux,
j'ai besoin d'apprendre à le conjuguer,
vraiment,
et de devenir le soleil de la compassion,
pour faire fondre mon égoïsme.

POESIA ASTRAL

Passei pela luz brilhante
que lambia o cinza escuro
e o mofo das paredes mal cuidadas.

Saí da cidade.
Limpei meus olhos com a paisagem bucólica.
Xique-Xique,
barro vermelho,
uma ave voando,
uma vaca magra comendo cactos,
sem furar a língua,
indiferente aos espinhos.

Afogo-me no calor.
Quase desmaio de calor .
Procuro abrigo.
Não sou vaca!

Elas me olham com pesar,
sem parar de ruminar,
sem sofrer com o calor.
Elas pensam?
Não sei!

Hoje, sou por demais citadina
para entrar nos seus pensamentos "vacais".
Sou por demais citadina
para morrer de sede na caatinga,

para sofrer de calor,
para pedir água,
para matar a sede,
para me refrescar.

Sou demais humana
para sentir o sofrer
daqueles que bebem água salobra
no meio da caatinga.

Estive na caatinga.
Queria ver a seca
e não aguentei a água salobra,
nem o calor, nem a secura.

Mas admirei aquela beleza pura
com olhos de artista,
apenas artista de passagem.
Turista que vê a miséria
e volta para o seu conforto.

Ouvi o forte doutor dizer
que, para reencontrar a vida,
ele se tornou Guia de Turismo.

Eu ouvi o guia se lamuriar
e praguejar contra o governo
que os abandonou.
E apesar de Euclides da Cunha dizer
que o sertanejo
é antes de tudo um forte,
ele vociferou contra o sofrimento.

E ele praguejou:
"Sou forte
por continuar amando essa terra abandonada.

Sou forte, sim,
pois eu fui
e voltei.
Não aguentei o asfalto
isento de cactos,
isento de vacas e de bodes.

Sou forte
porque sobrevivi no meio da poluição,
motivado para voltar à seca,
com a esperança
de poder,
com o meu diploma de doutor,
trazer o olhar do governo
para o Sertão,
comovê-lo com o meu discurso.

Molhem o sertão!
Das pedras vai nascer a vida!
Vamos colher diamantes astrais!
Tesouros que a cidade não conhece!"

E sob a "Pedra do Pai Mateus";
banhei-me na luz do crepúsculo laranja do poente
que varria a caatinga,
acordando as cobras
e me encantando com a sua poesia astral.

E eu compreendi:
eu sou antes de tudo uma sertaneja
acostumada com o sol,
que não luta mais contra a neve
que gelou os frios corações dos governantes.

POÉSIE ASTRALE

J'ai traversé la lumière éclatante
qui léchait le gris sombre,
et la moisissure des murs négligés.

Je suis sortie de la ville.
J'ai nettoyé mes yeux dans le paysage bucolique:
« Xique-Xique »,
terre rouge,
un oiseau qui s'envole,
une vache maigre qui broute des cactus
sans se piquer la langue,
indifférente aux épines.

Je m'enfonce dans la chaleur,
presque m'évanouis de chaleur.
Je cherche un abri.
Je ne suis pas une vache.

Elles me regardent avec pitié
tout en continuant à ruminer,
sans souffrir de la chaleur.
Pensent-elles ?
Je ne sais pas !

Je suis trop citadine
pour entrer dans leurs pensées bovines.
Je suis trop citadine
pour mourir de soif dans la " caatinga "[1],
pour supporter la chaleur,

pour demander de l'eau à boire,
pour me rafraîchir.

Je suis trop humaine
pour ressentir la souffrance
de ceux qui boivent de l'eau saumâtre
au milieu du désert.

Je suis allée dans la " caatinga ",
je voulais voir la sécheresse,
mais je n'ai pas supporté l'eau saumâtre,
ni la chaleur, ni la sécheresse.

Mais j'ai admiré cette beauté pure
avec les yeux d'une artiste,
seulement une artiste de passage,
touriste qui voit la misère
et retourne à son confort.

J'ai entendu le courageux docteur dire que,
pour retrouver la vie,
il est devenu guide touristique.

J'ai entendu le guide déplorer,
maudire le gouvernement
qui les a abandonnés,
et malgré l'affirmation d'Euclides da Cunha[2]:
« Le sertanejo est avant tout un fort »,
il a vociféré contre la souffrance.

Et il a déploré:

« Je suis fort
pour continuer à aimer cette terre abandonnée.
Je suis fort
car je suis parti
et revenu.

Je n'ai pas supporté le bitume
privé de cactus, de vaches et de chèvres.

Je suis fort
car j'ai survécu à la pollution
motivé pour retourner dans la sécheresse
avec l'espoir,
qu'avec mon diplôme de docteur,
je pourrai attirer le regard du gouvernement
vers le Sertão,
l'émouvoir par mon discours :

Arrosez le Sertão !
De la pierre naîtra la vie !
Récoltons des diamants astraux !
Trésors que la ville ne connaît pas. »

Et sous la " Pierre de Pai Mateus "[3],
je me suis baignée dans la lumière du crépuscule orange
balayant la caatinga,
réveillant les serpents
et m'enchantant de sa poésie astrale.

Et j'ai compris :
Je suis avant tout une « sertaneja »[4]
habituée au soleil,
mais qui ne lutte plus contre la neige
qui a gelé les cœurs froids des gouvernants.

---

1 – Caatinga : est un biome semi-aride caractérisé par une végétation épineuse, couvre environ 10 % du territoire brésilien et abrite une flore et une faune uniques qu'on ne trouve nulle part ailleurs dans le monde.
2 – Euclides da Cunha : écrivain brésilien, auteur de "Os Sertões"
3 – Lajedo de Pai Mateus : est un site géologique et mystique situé dans la région du Cariri, plus précisément dans la municipalité de Cabaceiras, connue comme l'un des endroits les plus secs du Brésil.
4 – Sertanejo/a : homme ou femme né/e au sertão du Nord-Est brésilien.

PONTO E VÍRGULA

Surgiu uma vírgula,
abaixo do ponto.

Espaço no tempo...

Reflexões.
Reticências.
Um pensamento inacabado.

Retomo o fio.

Concluo.

POINT ET VIRGULE

Une virgule a surgi,
sous le point.

Un espace dans le temps...

Réflexions.
Points de suspension.
Une pensée inachevée.

Je reprends le fil.

Je conclus.

PAIXÕES DIFERENTES

Que faço do amor corriqueiro,
aquele que espreme a alma,
que mata o corpo com calma,
machuca e faz rastejar?

Olho e vejo-me no outro.
Perco depressa o amor-próprio.
Afundo no fundo do poço.
Vivo um grande martírio.

Procuro desculpas fugazes.
Encubro as tuas asneiras.
Transformo a verdade em mentira.
Desculpo os teus erros.

Procuro a coragem em mim
para escapar desse amor
que viaja sem rédeas em mim
e destrói meu valor sem pudor.

Busco a coragem de fugir,
para trás tudo deixar.
Instalar-me-ei bem longe de ti,
em um lugar para melhor existir.

Hipnotizada pelos teus olhos verdes,
não ouso levantar minha cara.
Fortuitamente, olho o chão.

Tenho medo de que o meu coração
destrua a minha decisão
de não voltar correndo para ti
e de virar um fantasma sofrido,
uma mulher aprisionada em um glaciar,
a esperar o sol para derreter a neve
que limita minha liberdade.

PASSIONS DIVERGENTES

Que faire de l'amour routinier,
celui qui oppresse l'âme,
qui tue le corps avec calme,
blesse et me fait ramper?

Je regarde et me vois en l'autre.
Je perds aussitôt mon amour-propre.
Je m'enfonce au fond du gouffre.
Je vis un grand martyre.

Je cherche des excuses éphémères.
Je dissimule tes sottises.
Je transforme la vérité en mensonge.
Je pardonne tes erreurs.

Je cherche le courage en moi
pour échapper à cet amour
qui voyage sans répit en moi
et détruit ma valeur sans pudeur.

Je cherche le courage de fuir,
de tout laisser derrière moi,
de m'installer loin de toi,
dans un endroit pour mieux exister.

Hypnotisée par tes yeux verts,
je n'ose pas relever la tête.
Je regarde le sol à la dérobée,

de peur que mon cœur
ne me pousse
à revenir en courant vers toi
et que je devienne un fantôme tourmenté,
une femme emprisonnée dans un glacier,
attendant le soleil
pour faire fondre la neige
qui limite ma liberté.

POÉTICA DO DESESPERO

Que faço eu da vida
se a vida nada faz por mim?
Que caminhos andarei,
se os caminhos
estão fechados para mim?

Sou pessoa?
Sou gente?
Indigente?
Quem responde a essa pergunta?
Parece que todos estão surdos dos olhar,
parece que estão cegos dos ouvir.

Tropeço em pedras,
espeto os dedos,
ralo os joelhos,
queimo a pele,
afogo-me.

Quero respirar.
Quero ser ouvido.
Entendido.
Respeitado.

Sou julgado.
Incompreendido.
Condenado.

Não estou construindo nada,
porém o nada
não foi feito por mim.

Esperança e sonho
estão afogados na lama da miséria,
do engodo,
da desonestidade.

E eu,
criança,
cresço nessa escola envenenada,
desumanizada.

E eu,
criança abandonada
pela sociedade,
sou esquecida,
sou rejeitada,
sou banida.

Sou a sombra
na caverna,
acorrentada,
proibida
de ver a luz
que derrete a neve da indiferença.

POÉTIQUE DU DÉSESPOIR

Que fais-je de ma vie
si la vie ne fait rien pour moi ?
Quels chemins vais-je emprunter,
si les chemins se ferment devant moi ?

Suis-je une personne ?
Suis-je quelqu'un ?
Suis-je une indigente
Qui répond à cette question ?
Il semble que tous aient les yeux sourds.
Il semble qu'ils aient les oreilles aveugles.

Je trébuche sur des pierres.
Je me pique les doigts.
Je râpe mes genoux.
Je brûle ma peau.
Je me noie.

Je veux respirer !
Je veux être entendue,
comprise,
respectée.

Je suis jugée,
incomprise,
condamnée.

Je ne construis rien,
mais ce néant n'est pas mon œuvre

L'espoir et le rêve
sont noyés dans la boue de la misère,
de la tromperie,
de la malhonnêteté.

Et moi,
enfant,
je grandis dans cette école empoisonnée,
déshumanisée.

Moi,
enfant abandonnée
par la société,
je suis oubliée,
je suis rejetée,
je suis bannie.

Je suis l'ombre
dans la caverne,
enchaînée,
à qui on interdit de voir la lumière
qui fait fondre la neige de l'indifférence.

RETRATO DO EU

O ácido sobe e desce.
E não sei o porquê.
Um quê de angústia aperta-me.
Um quê de apreensão sufoca-me.

A pressão da vida,
a pressão dos homens,
provocam úlceras gástricas.

Suas línguas.
Ora desejam sucesso,
ora são navalhas afiadas,
são facões.
Cortam sem tocar o corpo.

Fechamos nossas portas
e queremos fugir do mundo,
isolar-nos.

Nossas casas,
nossos cavalos de Troia.
E os telefones?
E os computadores?
Somos escravos deles.
Abrimos as portas dos cavalos de Troia.

Deixamo-nos atacar.
Melhor é não saber.
Isolar-se.

Proteger-se
das agressões,
dos golpes.

De toda maneira,
cada um se lê.
Cada um se condecora.
Todos julgam.
E o outro é o culpado.

E eu sou sempre a vítima.
Vítima e carrasco.
Ré e acusadora.

A eleitora que elege.
A revoltada que esbraveja.
Não sou a bandida que sonega.
Não sou a marginal que mata, que rouba.
Sou a cidadã honesta que dá um real ao policial.
Sou a cidadã que se recusa a pagar multa.

Porque estou certa.
Porque não erro.
Um real não é suborno!

Acuso.
Atiro a pedra.
Nada tenho para ser julgado.
O suco gástrico é só um suco.
Não é o sol
que derrete a neve do egocentrismo.

PORTRAIT DU MOI

L'acide monte et descend
et je ne sais pas pourquoi.
Un je-ne-sais-quoi d'angoisse m'étreint.
Un je-ne-sais-quoi d'appréhension m'étouffe.

La pression de la vie,
la pression des hommes,
provoquent des ulcères gastriques.

Leurs langues...
tantôt elles vantent le succès,
tantôt ce sont des rasoirs.
Ce sont des lames
qui coupent sans toucher le corps.

Nous fermons nos portes,
nous voulons échapper au monde,
et nous isoler.

Nos maisons,
nos chevaux de Troie.
Et les téléphones ?
Et les ordinateurs ?
Nous sommes leurs esclaves,
nous ouvrons les portes de nos chevaux de Troie.

Nous nous laissons attaquer.
Il vaut mieux
ne pas savoir.

S'isoler.
Se protéger
des agressions,
des coups

Dans tous les cas,
chacun se contemple.
Chacun se glorifie.
Tout le monde juge
et l'autre est le coupable.

Et je suis toujours la victime.
Victime et bourreau.
Accusée et accusatrice.

L'électrice qui élit.
L'outrée qui hurle.

Je ne suis pas la fraudeuse.
Je ne suis pas la criminelle qui tue, qui vole.
Je suis l'honnête citoyenne qui paie le dessous-de-table.
Je suis la citoyenne qui refuse de payer une amende.

Parce que j'ai raison.
Je ne commets pas de fautes.
Un euro ce n'est pas un pot-de-vin.

J'accuse.
Je jette la pierre.
Je n'ai rien à me reprocher.
Le suc gastrique n'est que du suc.
Il n'est pas le soleil
qui dissout la neige de l'égocentrisme.

RETORNO

Uma alma.
As almas
voltam ao passado,
revivem,
partem.

Um adeus molhado.
Amigos que ficaram
sem mais
nem menos.
Emoção.
Reencontro.
Prece.

Amar com mais força
com mais carinho.
Sorrisos.
Adeus.

Nova partida,
até que
a saudade nos torne bem-vindos,
repousante
como o sol acariciando a neve
no alto de uma montanha.

RETOUR

Une âme.
Des âmes
retournent vers le passé,
renaissent,
partent.

Un adieu mouillé.
Des amis qui sont demeurés là,
sans plus ni moins.
Émotion.
Retrouvailles.
Prière.

Aimer avec plus d'intensité,
plus tendrement.
Sourires.
Adieux.

Nouveau départ,
jusqu'à ce que
la nostalgie nous rende bienvenus,
apaisante
comme le soleil qui caresse la neige
au sommet de la montagne.

REFLEXÃO

Frente ao mar,
o som das ondas,
não ouço.

Frente aos parques,
o som das folhas
roçando-se,
balançando ao vento,
não ouço.

O barulho das máquinas,
dos carros,
das buzinas,
da fricção dos pneus,
das latas de cerveja rolando no chão,
dos aviões ensurdecedores,
das motos,
dos cachorros latindo,
das crianças gritando,
dos freios no sinal vermelho,
das chamadas telefônicas,
dos zaps zapando,
me ensurdecem.

O homem abafa tudo.
Abafa a natureza.
Polui nossos ouvidos,
impinge sons insuportáveis.
Ou sou eu a insuportável?

Não ouço o mar.
Estou ensurdecendo.
Não ouço os pássaros raros.
Não ouço o bater das asas das abelhas.

Ouço o barulho das lembranças.
Quão difícil é viver nesse mundo!
Muitas coisas fogem da minha alçada.

Sou uma extraterrestre
observando a Terra e sua desordem.
Sou uma extraterrestre
tentando fazer algo de positivo.

A impotência se apossa de mim.
As lembranças me escapam!
Há muito trabalho a fazer.
Poucos trabalhadores para agir.

Sou extraterrestre impotente
ou terrestre indiferente?
Que descobre o sol
para aquecer toda a neve
e desequilibrar a Terra?

RÉFLEXION

Face à la mer, le bruit des vagues
je ne l'entends pas.

Devant les parcs,
le bruissement des feuilles,
se frottant, se balançant au vent,
je ne l'entends pas.

Le bruit des machines,
des voitures,
des klaxons,
le crissement des pneus,
des canettes de bière qui roulent par terre,
des avions assourdissants,
des motos,
des chiens qui aboient,
des enfants qui crient,
des freins aux feux rouges,
des appels téléphoniques,
des messages incessants,
m'assourdissent.

L'homme étouffe tout.
Il étouffe la nature
Il pollue nos oreilles.
Il impose des bruits insupportables.
ou bien suis-je l'insupportable ?

Je n'entends pas la mer.

Je deviens sourde.
Je n'entends pas les rares oiseaux.
Je n'entends pas le battement des ailes des abeilles.

J'entends le bruit des souvenirs.
Comme il est difficile de vivre dans ce monde !
Beaucoup de choses me dépassent !

Je suis une extraterrestre
observant la Terre et son désordre.
Je suis une extraterrestre
qui essaie de faire quelque chose de positif.

L'impuissance s'empare de moi.
Les souvenirs m'échappent !
Il y a beaucoup de travail à faire,
peu de travailleurs pour agir.

Suis-je une extraterrestre impuissante
ou une terrienne indifférente
qui dévoile le soleil
pour réchauffer toute la neige
et déséquilibrer la Terre ?

SEJA FELIZ

Felicidade é estar bem.
Feliz, feliz, feliz!

Sem contar que
um dia choramos,
outro dia, nos zangamos,
no outro, nos sentimos rejeitados,
no outro, nos melindramos.

Deixe a vida rolar!
Senão ela te enrola.
Esqueça o que te faz mal
e seja feliz!
Sem limites!

Feliz, feliz, feliz, feliz!
Feliz, feliz, feliz, feliz!
Até o infinito
se acabar
e o sol
absorver o frio da tristeza.

SOIS HEUREUX

Le bonheur, c'est d'aller bien.
Heureux, heureux, heureux !

Sans compter
qu'un jour nous pleurons,
un autre nous nous fâchons,
un autre nous nous sentons rejetés,
un autre nous nous vexons,

Laisse la vie suivre son cours !
Sinon, elle te fait tourner en rond.
Oublie ce qui te fait du mal
et sois heureux !
Sans limites !

Heureux, heureux, heureux, heureux !
Heureux, heureux, heureux, heureux !
Jusqu'à la fin de l'infini
et que le soleil absorbe le froid de la tristesse.

SOLIDÃO

A solidão é uma companheira
como tantas outras.
Ela nos acompanha
quando a chamamos.
Ela é ciumenta
e está sempre querendo exclusividade.

Se estamos acompanhados,
ela se afasta.
Se nos isolamos,
ela nos faz companhia.
Mas a escolha é sempre nossa.
Assim como a neve escolhe o sol
para se aquecer.

SOLITUDE

La solitude est une compagne
parmi tant d'autres.
Elle nous accompagne
dès que nous l'appelons.
Elle est jalouse,
toujours en quête d'exclusivité.

Si nous sommes accompagnés,
elle se retire.
Si nous nous isolons,
elle nous tient compagnie.
Mais le choix est toujours le nôtre.
Comme la neige choisit le soleil
pour se réchauffer.

UM TEMPO CINZA

É um mundo diferente
onde o céu mergulha no cinza,
esquece o calor e
cobre nossas almas com tristeza.

A cor desaparece sob o branco da neve.
O sol tenta se espalhar,
torna-se preguiçoso,
quase invisível.

Não quer acordar,
não pinta os nossos dias com alegria.
É um mundo tão diferente!

Nós somos prisioneiros
dentro dos casacos pesados.

E meus olhos ficam cinza,
assim como o tempo
dos dias de inverno.
É um mundo tão diferente!

Mas a neve espera o sol
para encontrar o calor
e o colorido.

UN TEMPS GRIS

C'est un monde différent
où le ciel plonge dans le gris.
Il oublie la chaleur,
il couvre nos âmes de tristesse.

La couleur disparaît sous le blanc de la neige.
Le soleil tente de se déployer,
il devient paresseux,
presque invisible.

Il n'a pas envie de se réveiller.
Il ne colore pas nos jours d'allégresse.
C'est un monde tellement différent !

Nous sommes prisonniers
dans nos manteaux lourds.

Mes yeux deviennent gris,
tout comme le temps
des jours d'hiver.
C'est un monde tellement différent !

Mais la neige attend le soleil
pour retrouver la chaleur
et la couleur.

VASCULHANDO O FUNDO

O passado constrói a história,
baliza os caminhos,
revela o que somos.
Não podemos apagá-lo.
Ele existe atrás da linha do tempo
como energia fantasmagórica,
que o cérebro tenta, muitas vezes, esconder.

Os dissabores do passado
são buracos negros
que sugam o brilho da nossa estrela,
enterram nossa vida
e queimam nossa existência.

Revoltados,
culpamos o momento,
o lugar,
e fugimos dos fatos,
refutamos os atos,
inocentamos os inaptos;
nos perdemos nos espaços,
traçados,
entrelaçados.

Sem vasculhar o fundo,
descansamos na superfície do marasmo,
fugimos das questões profundas
e afundamos em nosso “eu” árido,
indiferentes ao calor do sol que aquece a neve.

EXPLORER LES PROFONDEURS

Le passé construit l'histoire,
balise les chemins,
révèle notre essence.
Nous ne pouvons pas l'effacer ;
il existe derrière la ligne du temps,
telle une énergie fantasmagorique,
que souvent le cerveau tente d'occulter.

Les déceptions du passé
sont des trous noirs
qui aspirent l'éclat de notre étoile,
enterrent notre vie,
brûlent notre existence.

Révoltés,
nous accusons le moment,
l'endroit,
et nous fuyons les faits,
nous réfutons les actes,
nous innocentons les inaptes ;
nous nous perdons dans les espaces,
tracés,
entrelacés.

Sans explorer les profondeurs,
nous nous vautrons à la surface de la léthargie,
nous fuyons des questions profondes
et nous nous enfonçons dans notre moi aride,
indifférents à la chaleur du soleil qui réchauffe la neige.

VERDADE

As verdades?
Onde estão?
Para onde vão?

A resposta
é o silêncio da verdade
que escoa
no terremoto das mentiras
da insanidade humana.

VÉRITÉ

Les vérités ?
Où sont-elles ?
Où s'en vont-elles ?

La réponse
est le silence de la vérité
qui s'écoule
dans le séisme des mensonges
de la folie humaine.

ESPERANÇA ETERNA

A guerra varreu,
da cidade,
a vida
e varreu a alegria.

Fugitivos das balas
abandonam suas histórias,
seus míseros pertences.

Alguns largam os cadáveres
da família,
dos amigos,
abandonados sobre a terra.

Perdidos entre os corpos
que apodrecem nas calçadas,
não podem chorar seus mortos.

Fogem.
Precisam sobreviver.

Partem em vagões
repletos de outras vidas sofridas,
unidos na dor,
sobreviventes do caos.

Os vagões atravessam fronteiras,
e deslizam por países longínquos

onde mora a esperança.

Descem com suas mochilas
repletas de seus restos
valiosos,
úteis,
inúteis.

Nos pés,
a força para caminhar,
e procurar a felicidade;
nas mãos,
a disposição para recomeçar
e construir.

Quem sabe dará certo!
A esperança não se mata com uma bala.
A esperança é eterna;
não se derrete
diante da ameaça.

Como a neve
em busca do calor do sol
no topo da montanha,
eles esperam pela luz
de um novo dia.

ESPOIR ÉTERNEL

La guerre a balayé la vie
de la ville.
Elle a balayé la joie.

Les fugitifs
échappent aux balles,
ils abandonnent leurs histoires,
leurs maigres biens.

Certains laissent derrière eux
les cadavres
de la famille,
des amis
abandonnés sur la terre.

Perdus
parmi les corps
qui pourrissent sur les trottoirs,
ils ne peuvent pas pleurer leurs morts,
ils fuient.
Il faut survivre !

Ils partent dans des wagons
remplis d'autres vies tourmentées,
unis dans la douleur,
survivants du chaos.

Et les wagons franchissent les frontières,

glissent vers des pays lointains
où réside l'espoir.

Ils descendent avec leurs sacs à dos
remplis de leurs restes
précieux,
utiles,
inutiles.

Aux pieds, la force pour marcher
et chercher le chemin du bonheur;
dans les mains,
la disposition pour recommencer
et construire.

Qui sait si ça marchera ?!
L'espoir ne se tue pas avec une balle.
L'espoir est éternel.
Il ne fond pas
face à la menace.

Comme la neige
à la recherche de la chaleur du soleil
au sommet de la montagne,
ils attendent la lumière
d'un nouveau jour.

PASSOU O TEMPO

Os anos passam rápido.
Cada vez mais rápido.
Acordo na manhã de um dia envelhecido
e me vejo,
também envelhecida,
sonolenta da morte,
apagada para a vida.

Passou o tempo!
Acordo na manhã de um tempo cansado,
cercada de pessoas doentes,
tristes,
silenciosas.

Que se escondem
dos fatos
e evitam o real
para não sofrer,
nem sentir que a solidão
as abandonou.

Abraço a saudade
e durmo com ela,
intercalando-a com as noites,
que me liberam
do meu sofrer.
No meio da neve fria,
espero o sol para me aquecer.

LE TEMPS A PASSÉ

Les années passent vite.
De plus en plus rapidement.
Je me réveille le matin d'un jour vieilli
et je me découvre
moi aussi vieillie,
assoupie par la mort,
éteinte pour la vie.

Le temps a passé !
Je me réveille dans la matinée d'un temps fatigué,
entourée de personnes malades,
tristes,
silencieuses.

Qui se cachent
des faits
et évitent le réel
pour ne pas souffrir,
ni sentir que la solitude les a abandonnées

J'enlace la nostalgie
et je dors avec elle,
en l'alternant avec les nuits,
qui me libèrent
de ma souffrance.
Au milieu de la neige froide,
j'attends le soleil qui me réchauffera.

LEMBRANÇAS DO PASSADO

O som repetitivo das tuas palavras ao meu ouvido
não me deixa.

Exumar essas memórias poéticas
é uma tortura!

Os sons se repetem incansavelmente,
como uma música,
despertam paixões adormecidas!

Eu forço o esquecimento,
mas as notas musicais
desenham a imagem do teu rosto,
então eu cedo ao desejo.

Eu me enterro
nos braços fluidos da minha memória.

E vagueio no espaço,
ao som dos nossos amores
trancados no templo
das lembranças do tempo passado,
recolhida na neve fria,
esperando o sol me aquecer.

SOUVENIRS D'ANTAN

Le son répétitif de tes paroles à mes oreilles
ne me quitte pas.

Exhumer ces mémoires poétiques
est une torture !

Les sons se répètent inlassablement,
comme une musique ;
ils réveillent des passions endormies.

Je force l'oubli,
mais les notes musicales
dessinent l'image de ton visage,
alors, je cède au désir.

Je m'enterre
dans les bras fluides de ma mémoire.

Et j'erre dans l'espace
au son de nos amours
enfermés dans le temple
des souvenirs d'antan,
recueillie au milieu de la neige froide,
en attendant que le soleil me réchauffe.

OS "PORQUÊS" SEM RESPOSTA

Por que não falar de poesia?
Por que não falar de flor?
Por que não desfolhar o malmequer?
Para ver se ele bem te quer?

Por que não olhar os pássaros
e decifrar o seu canto?
Por que não acompanhar o caminho do vento
e ver onde ele juntou as folhas durante o outono?

Por que não sentir o calor do sol?
Por que não acumular sua energia
e distribuí-la à sua volta
com palavras de carinho,
com otimismo e apreço,
àqueles que estão
sentados sobre a neve fria?

Ira, ódio, maledicência
não fazem parte de um prato saboroso e nutritivo.
Ingerir o bem alimenta o nosso espírito,
afoga os nossos dissabores
e reforça a nossa saúde.

O bom alimento da bondade
é do que precisamos.
A bondade está na poesia,
nos sons da natureza,

no abraço de uma criança,
no bem que fazemos a alguém.

Que todos sejamos abençoados pela paz,
pelo perdão,
pela gratidão,
e, principalmente,
pelo prazer de perdoar até os inimigos,
como aconselhava o Profeta.

LES POURQUOIS SANS RÉPONSE

Pourquoi ne pas parler de poésie ?
Pourquoi ne pas parler de la fleur ?
Pourquoi ne pas effeuiller la marguerite ?
Pour voir s'il t'aime ?

Pourquoi ne pas observer les oiseaux et
décrypter leur chant ?
Pourquoi ne pas suivre le chemin du vent
et voir où il a amassé les feuilles d'automne ?

Pourquoi ne pas ressentir la chaleur du soleil ?
Pourquoi ne pas accumuler son énergie,
la diffuser autour de soi
avec des mots doux,
optimisme et appréciation,
à ceux qui sont assis sur la neige froide ?

La colère, la haine, la médisance
ne font pas partie d'un mets savoureux et nutritif.
S'abreuver du bien nourrit notre esprit,
noie nos peines
et renforce notre santé.

La bienveillance est la nourriture
dont nous avons besoin.
La bonté est dans la poésie,
dans les sons de la nature,
dans l'étreinte d'un enfant,
dans le bien que nous faisons à quelqu'un.

Que nous soyons tous bénis par la paix,
par le pardon,
par la gratitude.
Et surtout
par le plaisir de pardonner
même aux ennemis,
comme le conseillait le Prophète.

JURANDO EM NOME DE DEUS

Vestidos com a toga da justiça
condenamos,
absolvemos,
acusamos
como se fôssemos deuses.

Deus está em tudo:
em tudo o que queremos ser,
no que conhecemos,
em tudo o que desconhecemos.

No rio que leva o presente,
nas ondas que nos trazem o futuro,
na neve que esfria as almas arrogantes,
no sol que aquece a neve
e nos salva do frio.

JURANT AU NOM DE DIEU

Vêtus de la toge de la justice,
nous condamnons,
absolvons,
accusons
comme si nous étions des dieux.

Dieu est en tout,
en tout ce que nous voulons être,
en tout ce que nous connaissons,
en tout ce que nous ignorons.

Dans le fleuve qui emporte le présent,
dans les vagues qui nous apportent le futur,
dans la neige qui refroidit les âmes arrogantes,
dans le soleil qui réchauffe la neige
et nous sauve du froid.

SEMENTE DA ESPERANÇA

Nas vias do tempo,
sobre um asfalto quebrado
trepidam passantes.

Olhos no chão,
enclausurados nos seus pensamentos.
São olhos de esperança,
de abraços, de gratidão.

Da união nasce uma semente
que se transforma em criança,
em promessa do futuro,
como o sol aquecendo a neve.

SEMENCE DE L'ESPOIR

Sur les chemins du temps,
sur l'asphalte brisé
les passants trébuchent.

Les yeux fixés sur le sol,
cloîtrés dans leurs pensées.
Ces yeux, sont des yeux d'espoir,
d'étreintes, de gratitude.

De l'union naît une graine
qui se transforme en enfant,
en un espoir,
comme le soleil qui réchauffe la neige.

A NEVE E O SONHO

A neve está caindo
no chão quente,
derrete-se,
vira água,
enterra-se.

Flocos de sonhos
divagam pelo espaço à noite,
caem na realidade do dia.

À noite, os sonhos buscam a saída.
No inverno, flocos de neve voam.
Ambos insistem, não desistem.

Não se intimidam,
querem a liberdade,
tentam perdurar.

E quando repousam,
buscam o sol
para se iluminarem.

LA NEIGE ET LE RÊVE

La neige tombe
sur le sol chaud,
elle fond
et devient de l'eau.
Elle est engloutie par la terre.

Des flocons de rêves
errent dans l'espace de la nuit, et
tombent dans la réalité du jour.

La nuit, les rêves cherchent la sortie.
En hiver, les flocons de neige voltigent,
tous deux persistent.

Ils n'abandonnent pas,
ils veulent la liberté,
ils essaient de perdurer.

Et quand ils se reposent,
ils cherchent le soleil
pour s'illuminer.

Valquiria Imperiano, dita Valquiria Guillemin, é uma artista e escritora brasileira e suíça. Nascida em Jacaré, no Estado da Paraíba, Brasil, ela reside em Genebra desde 1997, onde adquiriu a nacionalidade suíça. É mãe de duas filhas de seu primeiro casamento. Formada em Letras, mestranda em Ciências da Religião, Pós-graduada em Consciência e Espiritualidade (PUCRS), Pós-graduanda em Mariologia. Valquiria lecionou a língua portuguesa em escolas do estado de Santa Catarina. Como artista, ela se destaca na pintura e na escultura, tendo exposto suas obras no Brasil, na Europa e nos Estados Unidos.

Valquiria fundou e é presidente do Instituto Cultive Suisse Brésil, uma organização com sede em Genebra. Seu engajamento cultural levou-a a criar a Biblioteca Cultive de Língua Portuguesa em Genebra, bem como centros culturais em Bom Lugar (MA) e Vitória de Santo Antão (PE), no Brasil.

Valquiria Imperiano, *dite Valquiria Guillemin, est une artiste et écrivaine brésilienne et suisse. Née à Jacaré, dans l'État de Paraíba, au Brésil, elle est installée à Genève depuis 1997 et possède la double nationalité brésilienne et suisse. Elle est mère de deux filles issues d'un premier mariage.*

Diplômée en Lettres, Valquiria est étudiante en Master en Sciences des Religions. Elle est titulaire d'un diplôme de troisième cycle (Post-Graduation) en Conscience et Spiritualité (PUCRS) et poursuit actuellement un autre diplôme de troisième cycle en Mariologie.

Elle a enseigné la langue portugaise dans des écoles de l'État de Santa Catarina.

En tant qu'artiste, elle excelle dans la peinture et la sculpture, ayant exposé ses œuvres au Brésil, en Europe et aux États-Unis.

Elle est la fondatrice et présidente de l'Institut Cultive Suisse Brésil, une organisation basée à Genève. Son engagement culturel l'a amenée à créer la Bibliothèque Cultive de Langue Portugaise à Genève, ainsi que des centres culturels à Bom Lugar (MA) et Vitória de Santo Antão (PE), au Brésil.

Obras da autora

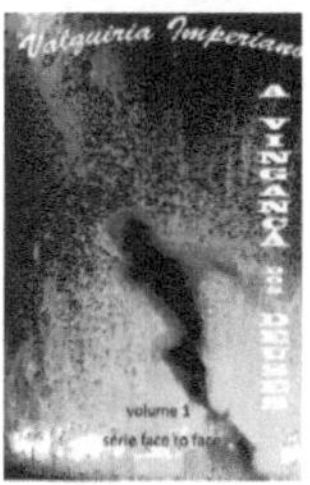

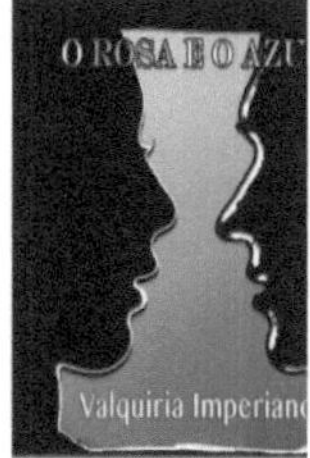

Contato:
#valquiria_imperiano
edicaocultive@gmail.com
www.editoracultive.com

www.ingramcontent.com/pod-product-compliance
Lightning Source LLC
LaVergne TN
LVHW051009080826
845145LV00009B/2525

* 9 7 8 2 9 4 0 6 6 1 3 5 0 *